westermann

Geometrie

Erarbeitet von

Judith Beerbaum, Sina Buchborn-Hofer,
Antonia Dehne, Catharina Fritz, Anja Göttlicher,
Katrin Klöckner, Sarah Pfleger,
Britta Wettels und Stephanie Zippel

in Zusammenarbeit mit der
Westermann-Grundschulredaktion

Unter Beratung von

Henrieke Peter

Illustriert von

Angelika Citak, Friederike Großekettler
und Karoline Kehr

Flex und Flo
Mathematik

Zeichenerklärung

 Schreibe ins Heft.

 Male/Zeichne mit der entsprechenden Farbe.

 Streiche durch, was nicht passt.

 Ordne zu.

 Kreise ein.

 Kreuze an.

 Benutze Material.

Bearbeite die Aufgabe in Partnerarbeit.

 Hier steht ein neues Fachwort.

 Hier steht ein neues Fachwort oder ein neues Beispiel, wie du über Mathematik sprechen kannst.

 Verweis auf passenden Diagnosetest im Flex und Flo Diagnoseheft 2, ISBN 978-3-14-118149-4

 Verweis auf passende herausfordernde Aufgaben in der Flex und Flo Entdeckerkartei 2, ISBN 978-3-14-1118161-6

 Verweis auf passende interaktive Übungen

 Aufgabe aus dem Anforderungsbereich I
Reproduzieren: erfordert Grundwissen und das Ausführen von Routinetätigkeiten

Aufgabe aus dem Anforderungsbereich II
Zusammenhänge herstellen: erfordert das Erkennen und Nutzen von Zusammenhängen

 Aufgabe aus dem Anforderungsbereich III
Verallgemeinern und Reflektieren: erfordert komplexe Tätigkeiten wie Strukturieren, Entwickeln von Strategien, Beurteilen und Verallgemeinern

 Einführung von Fachwörtern oder Redemitteln
Eine Sammlung der im Heft eingeführten Fachwörter und Redemittel zum Nachschlagen findet sich auf der letzten Doppelseite und der Beilage „Fachwörter und Redemittel". Die Beilage ist als Nachkaufset erhältlich. ISBN 978-3-14-118186-9

 Medienbildung und Mathematiklernen verbinden
Anregung zur Bearbeitung mathematischer Lerninhalte mit digitalen Werkzeugen

 Tipp zur Verknüpfung der Themenhefte

Inhaltsverzeichnis

Wahrnehmung – Wimmelbild 4–5
Wahrnehmung 6
Orientierung 7
Links, rechts, oben oder unten 8
Orientierung – Raum-Lage-Beziehungen 9

Körper 10–11
Bauen und zählen 12
Würfelgebäude und Baupläne 13–14

Bauen mit Winkelsteinen 15–16

Ansichten 17–18
Wege im Gitternetz 19
Orientierung – Raum-Lage-Beziehungen 20
Flächen 21
Auslegen 22–23
Nachlegen 24

Muster und Freihandzeichnen 25
Zeichnen mit dem Lineal 26
Falten 27
Symmetrische Figuren 28–29
Symmetrische Muster 30

Geobrett 31
Entdecken und knobeln 32–33

Fachwörter und Redemittel 34–35

Wahrnehmung – Wimmelbild

Datum: _____

① Suche , , , , , . Male sie an.
Wo sind Flex und Flo versteckt?

Partnerarbeit: Gegenseitig Suchaufgaben stellen.

5

Wahrnehmung

Datum: _____

  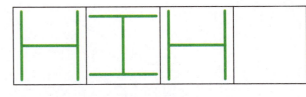

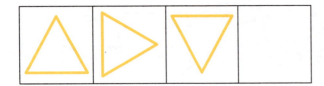 

 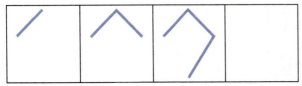 

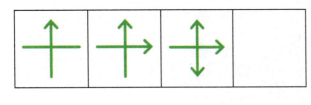 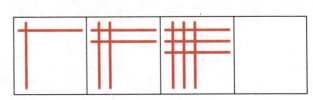

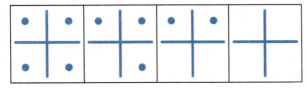 

 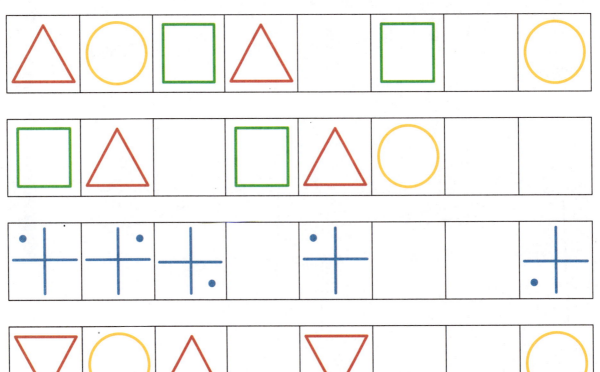

1, 2 Fehlende Figuren ergänzen. **3** Reihen fortsetzen.

Orientierung

Datum: _____

1 Wo sind Flex und Flo?

auf dem Auto

in dem Auto

hinter dem Auto

vor dem Auto

rechts neben dem Auto

links neben dem Auto

unter dem Auto

zwischen den Autos

Schilder mit den passenden Autos verbinden.
Audioaufnahme: Raum-Lage-Diktat mit zwei oder drei Gegenständen aufsprechen und ausführen.

7

Links, rechts, oben oder unten

Datum: _____

1 Male das richtige Feld an.

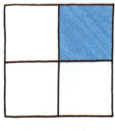 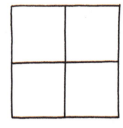 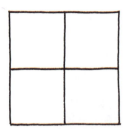 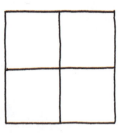

oben rechts   unten links   oben links   unten rechts

2 Welches Feld ist es?

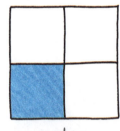 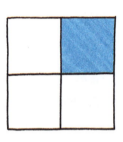 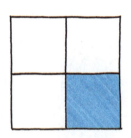 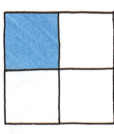

unten   _____   _____   _____
links   _____   _____   _____

3 Zeichne neu ein:

○ 2 Felder nach rechts   ♭ 1 nach rechts, 3 nach unten

♡ 4 nach unten, 1 nach links   ✿ 3 nach oben, 2 nach links

☆ 1 Feld nach links   ☾ 1 nach rechts, 2 nach unten

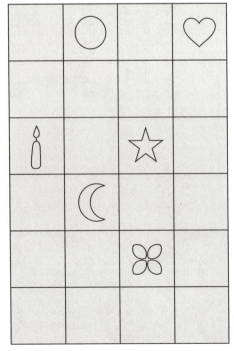 

8

Orientierung – Raum-Lage-Beziehungen   Datum: _____

1 Welche Badetasche gehört zu welchem Kind? Verbinde.

Tim

X	X	X	
			X

Anna

		X	X
	X		X

Oleg

X	X		X
		X	

2 Was stimmt? Malt an.

Der Ball liegt über dem Schnorchel.

Die Sonnencreme steht links neben dem Handtuch.

Die Bürste liegt rechts neben der Badekappe.

Die Badekappe liegt zwischen der Bürste und dem Badeanzug.

3 Schreibe eigene Rätsel wie in Aufgabe 2.
Dein Partnerkind löst sie.

Körper

Datum: _____

1 Forme wie Flex und Flo Körper aus Knete.

2 Welcher Körper ist es? Verbinde.

| Würfel | Kugel | Kegel | Zylinder | Pyramide | Quader |

3 Was stimmt? Malt an.

- Der Quader hat 6 Flächen.
- Die Kugel hat keine Kante.
- Ein Quader hat mehr Kanten als ein Würfel.
- Der Würfel hat 8 Flächen.
- Eine Kugel hat keine Ecken.
- Ein Würfel hat 6 gleich große Flächen.

4 Was stimmt? Malt an.

- Ein Zylinder kann rollen und stehen.
- Eine Kugel kann rollen und stehen.
- Ein Würfel kann kippen.
- Ein Zylinder kann kippen.
- Ein Kegel kann rollen und stehen.

10

2 **Fotografie:** Eigene Bilder von Körpern in der Umwelt aufnehmen und präsentieren, ggf. ausdrucken und ein Merkplakat erstellen oder für eine digitale Pinnwand nutzen.

Körper

Datum: _____

1 Male die Körper an. grün blau rot lila

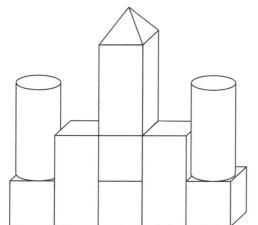
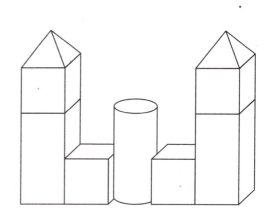

2 Welches Gebäude gehört zu der Tabelle? Kreuze an.

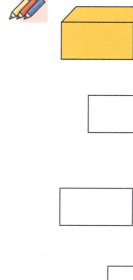

3 Welche Flächen gehören zu welchem Quader? Male sie passend an.

Bauen und zählen

Datum: _____

 1 Baue nach. Zähle die Würfel.

   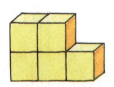   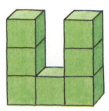   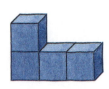

___ Würfel   ___ Würfel   ___ Würfel   ___ Würfel

 2 Baue nach. Zähle die Würfel.

   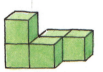   

___ Würfel   ___ Würfel   ___ Würfel   ___ Würfel

      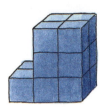   

___ Würfel   ___ Würfel   ___ Würfel   ___ Würfel

3 Baue Gebäude. Nimm immer zwölf Würfel.

4 Wie viele Würfel brauchst du? Wie viele Würfel kommen immer dazu?

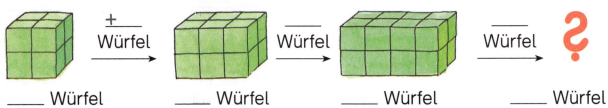

___ Würfel   ___ Würfel   ___ Würfel   ___ Würfel

12

1–3 Mit Holzwürfeln bauen.
3 Fotografie: Ergebnisse fotografieren und präsentieren.

Würfelgebäude und Baupläne

Datum: _____

 1 Baue nach und schreibe die Baupläne wie Flex.

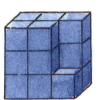 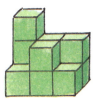 

3		

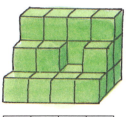 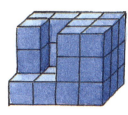 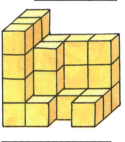

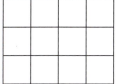  

 2 Baut diese Würfelgebäude.

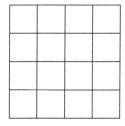

2	4	2	4
1	3	1	3

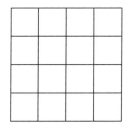

1	2	3	4
	1	2	3

3	2	2	3
2	1	1	2
	1	1	

2	3	3	2
1	2	2	1
	1	1	

 3 Baut selbst. Schreibt den Bauplan auf.

1–3 Mit Holzwürfeln bauen.
1–2 **Textverarbeitung:** Baupläne schreiben, ggf. speichern, ausdrucken und den Gebäuden zuordnen (Vorlage in der BiBox für Lehrer/-innen).
3 **Fotografie:** Ergebnisse fotografieren, präsentieren und den Bauplänen zuordnen.

13

Würfelgebäude und Baupläne

Datum: _____

1

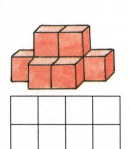  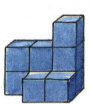 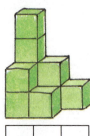

____ Würfel   ____ Würfel   ____ Würfel   ____ Würfel

2

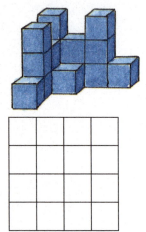  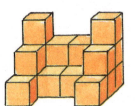

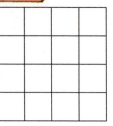 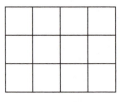

____ Würfel   ____ Würfel   ____ Würfel

3 Die Würfelgebäude sind aus 20 Würfeln gebaut. Ergänze die Baupläne.

4	4	3
3	1	

3	2	3
4		4

4		4
2	3	2

5	4	3
2	3	

4	5	4
1		1

4 Auch diese Würfelgebäude bestehen aus 20 Würfeln. Ergänze die Baupläne. Es gibt verschiedene Möglichkeiten.

4	4	2
	1	

4	4	2
	1	

4	4	2
	1	

4	4	2
	1	

4	4	2
	1	

1–4 Mit Holzwürfeln bauen.

Bauen mit Winkelsteinen

Datum: _____

 1 Gebäude aus vier Winkelsteinen. Baue nach.

Treppe	Sofa	Mauer	Podest
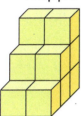	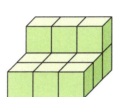	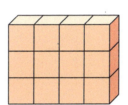	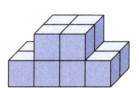

 2 Gebäude aus zehn Winkelsteinen. Baue nach und schreibe die Pläne dazu.

Treppe	Kasten	Thron	Sessel
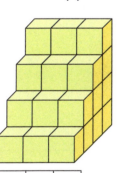	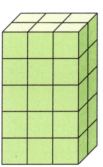	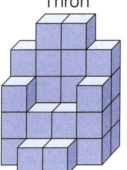	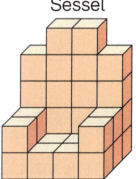
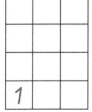		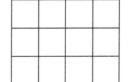	

 3 Baut ein Gebäude mit neun Winkelsteinen. Schreibt den Bauplan dazu.

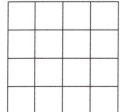 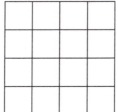 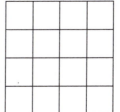

1–3 Mit den Winkelsteinen bauen.

Bauen mit Winkelsteinen

Datum: _____

Legeplan

1 Diese Gebäude sind aus sieben Winkelsteinen gebaut. Baut die Gebäude.

a)
4	3	3
2	2	2
2	1	2

b)
2	3	3
2	3	3
2	1	2

c)
4	4	3
2	1	2
2	1	2

d)
2	3	3
	4	3
	3	3

e)
5	5	4
	1	3
		3

2 Baut die Gebäude mit den Winkelsteinen. Wie viele Steine braucht ihr?

a)
3	3	4
4	3	3
3	3	4

b)
4	3	2
3	4	1
	1	

c)
5	6	5
4	5	4
	1	

d)
3	3	3
3	3	3
3	3	3

e)
4	5	4
4	3	4
3	3	3

3 Baut auch diese Gebäude mit den Winkelsteinen nach.
Wie viele Steine braucht ihr?

a)
2	3	2	3
3			2
2			3
3	2	3	2

b)
1	2	2	2
1	1	1	2
		1	2
		1	1

c)
2	3	3	2
1	2	2	1
1	1	1	1
2			2

d)
2	2	2	2
3	3	2	2
	3	2	
		1	

16 1–3 Mit den Winkelsteinen bauen.

Ansichten

Datum: _____

1 Welche Ansicht gehört dazu?

2 Häuser von vorn und von oben.
Welche Ansichten gehören zusammen? Verbinde.

Das ist die **Ansicht** von vorn.

Das ist die Ansicht von oben.

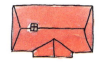

3 Von welcher Seite wurden die Fotos gemacht?

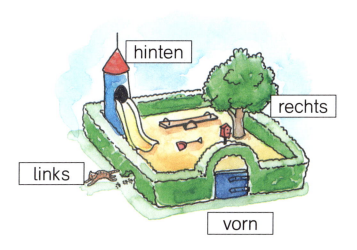

von _____ _____

_____ _____

17

Ansichten

Datum: _____

1 Von vorn gesehen. Welche Ansicht ist richtig? Kreuze an.

 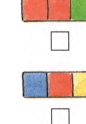

2 Von der linken Seite gesehen.

3 Ordne zu: Von vorn ①, von rechts ②, von hinten ③ und von links ④.

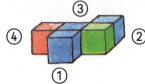

4 Zeichne die richtigen Ansichten: Von vorn ①, von rechts ②, von hinten ③ und von links ④.

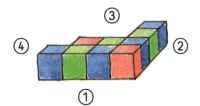 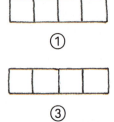 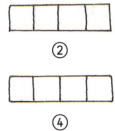

5 Von vorn und von oben. Was gehört zusammen? Verbinde.

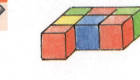  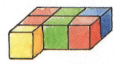 

Wege im Gitternetz

Datum: _____

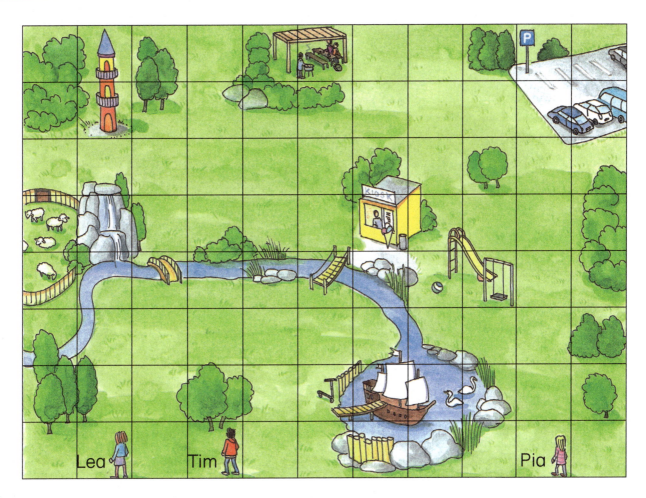

 1 Zeichnet die Wege der Kinder ein. Wo kommen sie an?

Lea	Tim	Pia
3 Felder nach oben	2 Felder nach rechts	6 Felder nach oben
1 Feld nach rechts	5 Felder nach oben	3 Felder nach links
1 Feld nach oben	4 Felder nach links	1 Feld nach oben
4 Felder nach rechts	1 Feld nach oben	1 Feld nach links
_____	_____	_____

 2

Lea	Tim	Pia
1 Feld nach rechts	1 Feld nach links	4 Felder nach oben
4 Felder nach oben	5 Felder nach _____	4 Felder nach _____
6 Felder nach _____	_____	_____
_____		

Audioaufnahme / Algorithmen formulieren und nutzen: Eigene Wegbeschreibungen aufnehmen und nachvollziehen.

Orientierung – Raum-Lage-Beziehungen

Datum: _____

1 Was stimmt? Kreuze an.

☒ Die Lampe steht auf dem Tisch. ☐ Das Kissen liegt auf dem Bett.
☐ Der Tisch steht rechts vom Schrank. ☐ Der Teddy liegt unter dem Schrank.
☐ Die Puppe sitzt neben dem Bett. ☐ Die Schuhe stehen vor dem Bett.
☐ Der Ball liegt auf dem Regal. ☐ Das Boot steht im Regal.

2 Wo findest du diese Sachen? Ergänze:

vor	über	unter	zwischen	hinter	neben	auf

Der Ranzen steht _____ dem Schrank und dem Tisch. Die Uhr hängt _____ dem Bett. Der Kran steht _____ der Kiste. Der Becher steht _____ dem Tisch. Der Mülleimer steht _____ dem Tisch. Der Stuhl steht _____ dem Tisch.

3

	Flo	Flex	
unten links	🟨	🟦	unten links
unten rechts	🟦	☐	unten rechts
unten Mitte	☐	☐	unten Mitte
Mitte rechts	☐	☐	Mitte rechts
oben	☐	☐	oben
Mitte links	☐	☐	Mitte links

20

 # Flächen

Datum: _____

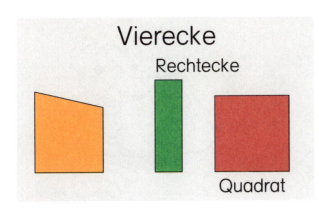
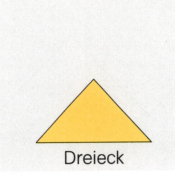

1 Wie viele sind es?

Quadrate	
Rechtecke	
Dreiecke	
Kreise	

2 Welche Fläche ist es?

| Die Fläche hat 4 gleich lange Seiten. _____ | Die Fläche hat keine Ecken. _____ |
| Die Fläche hat 3 Ecken und 3 Seiten. _____ | Die Fläche hat 4 Ecken und 4 Seiten. _____ |

3 An welchen Gegenständen findest du die Flächen? Verbinde.

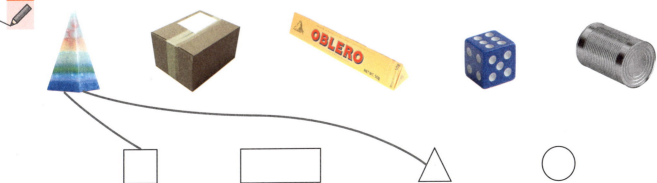

3 Fotografie: Eigene Bilder von Flächen in der Umwelt aufnehmen und präsentieren, ggf. ausdrucken und ein Merkplakat erstellen oder für eine digitale Pinnwand nutzen.

Auslegen

Datum: _____

1

2

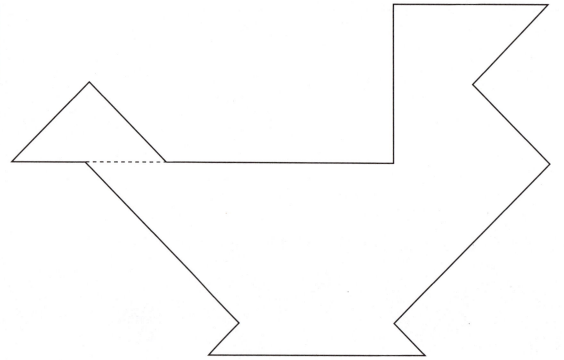

3 Lege eigene Figuren mit Plättchen.

22 1–3 Mit den geometrischen Plättchen auslegen.
Alle Größen und Formen können verwendet werden.

Auslegen

Datum: _____

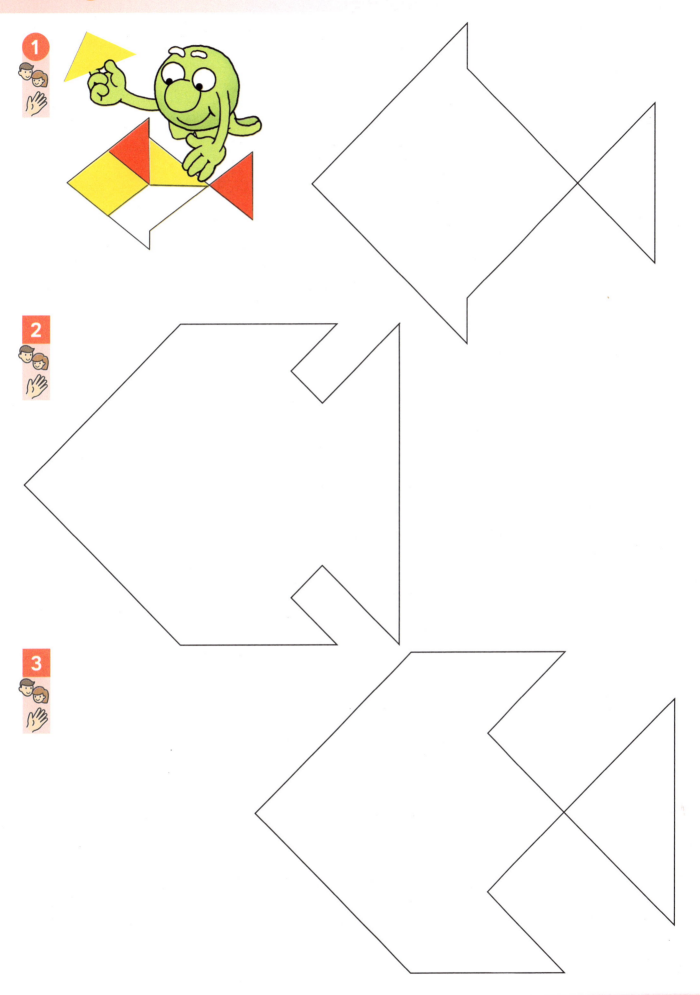

1–3 Mit den geometrischen Plättchen auslegen. Alle Größen und Formen können verwendet werden. **Fotografie:** Ergebnisse fotografieren, präsentieren und vergleichen.

23

Nachlegen

Datum: _____

 Lege wie angegeben.

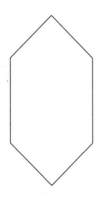

△	◿	☐	▫
2	4	–	–
1	6	–	1
–	6	–	3
–	4	–	4
–	8	–	2

 Lege wie angegeben.

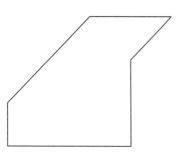

△	◿	☐	▫
–	3	1	2
2	5	–	1
–	7	–	4
1	5	–	3
–	7	1	–

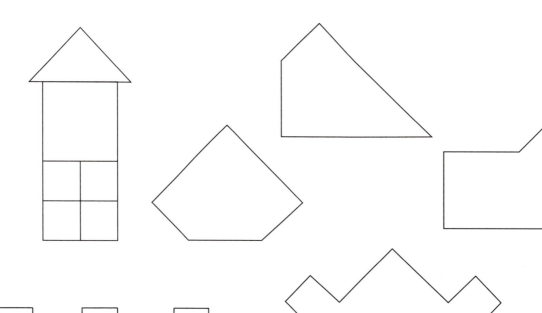

1–3 Mit den geometrischen Plättchen nachlegen.
1–2 Nur die großen und kleinen Plättchen verwenden.   3 Alle drei Größen verwenden.

Muster und Freihandzeichen

Datum: _____

 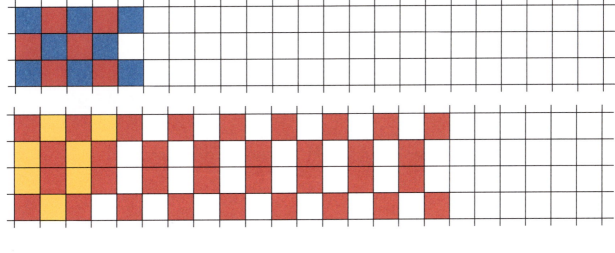

Eigene Muster ins Heft zeichnen.

25

Zeichnen mit dem Lineal

Datum: _____

1 a) Zeichne die fehlenden 12 blauen Linien ein.

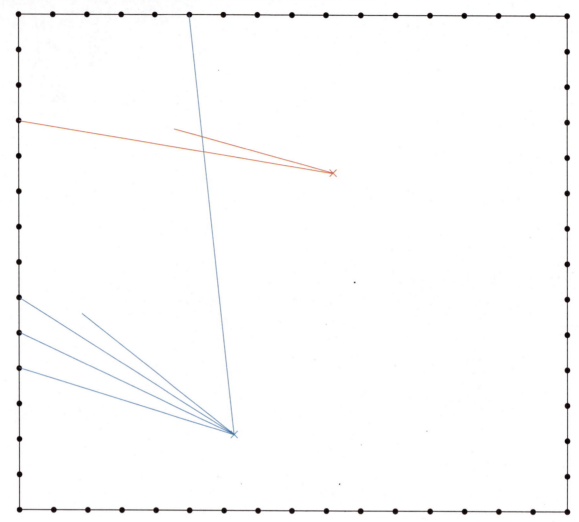

b) Zeichne vom roten Punkt aus einen ähnlichen Fächer
wie vom blauen Punkt.
Die Anzahl der Linien kannst du selbst bestimmen.

c) Markiere einen grünen Punkt. Zeichne einen Fächer aus grünen Linien.

2 Verbinde die Punkte, jeden Punkt mit jedem anderen.

Wie viele Strecken erhältst du? ____ Strecken

26

Falten

Datum: _____

 1 Falte eine Fledermaus. Du brauchst ein quadratisches Blatt Papier.

Falte das Quadrat zweimal über Eck.

Lege das Dreieck so vor dich hin.

Falte den unteren Rand nach oben.

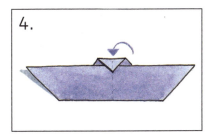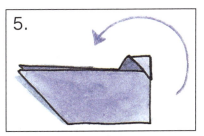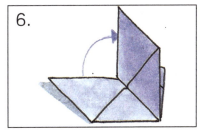

Falte die Spitze nach vorn.

Falte die rechte Seite hinter die linke.

Falte den Flügel nach oben. Die Kanten liegen aufeinander. Falte den zweiten Flügel ebenso.

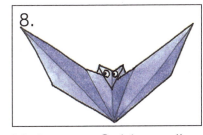

Knicke die Flügel zur Hälfte nach hinten um.

Male zum Schluss die Augen auf.

 2 So kannst du einen Becher falten.

1 Videoaufnahme: Eigene Anleitung zum Falten der Fledermaus aufnehmen und präsentieren, ggf. nachvollziehen und gemeinsam reflektieren.
2 Quadratisches Papier verwenden.

Symmetrische Figuren

Datum: _____

1 Diese Figuren haben eine Spiegelachse. Prüft mit dem Spiegel.

   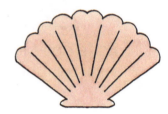

2 Diese Figuren haben eine Spiegelachse. Zeichnet sie ein.

Symmetrische Figuren

Datum: _____

1 Welche Buchstaben haben eine Spiegelachse? Zeichne sie ein.

2 Welche Buchstaben haben zwei Spiegelachsen? Zeichne sie ein.

  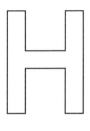 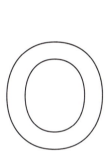 

3 Diese Figuren haben mehrere Spiegelachsen. Zeichne sie ein.

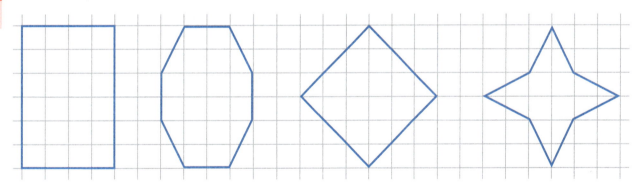

4 Wie viele Spiegelachsen haben die Verkehrsschilder?

____ Spiegelachsen   ____ Spiegelachsen   ____ Spiegelachsen

1–4 Spiegel oder Zauberspiegel verwenden.

29

Symmetrische Muster

Datum: _____

 1 Legt Muster. Einer legt ein Plättchen, das Partnerkind legt das Spiegelbild.

2 Zeichne das Spiegelbild.

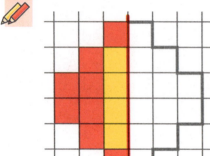 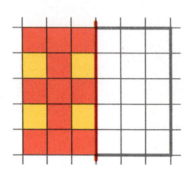 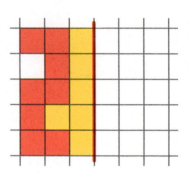

3 Zeichne das Spiegelbild.

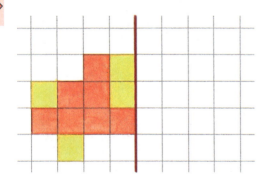 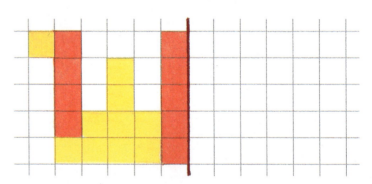

4
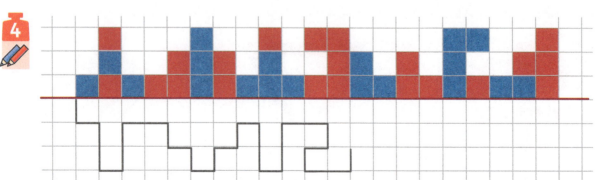

2–4 Spiegel oder Zauberspiegel verwenden.

Geobrett

Datum: _____

1 Spannt verschiedene Rechtecke. Zeichnet sie ein.

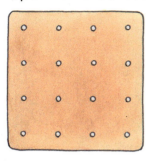 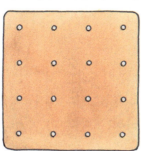 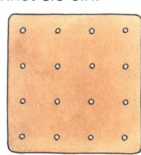 

2 Spannt verschiedene Dreiecke. Zeichnet sie ein.

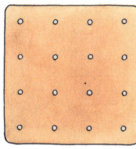 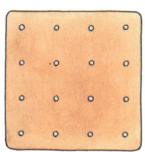 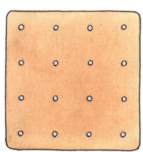 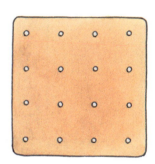

3 Versucht ein Fünfeck, ein Sechseck und ein Siebeneck zu spannen.

4 a) Spannt Buchstaben: L, I, T. Zeichnet sie ein.

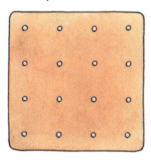 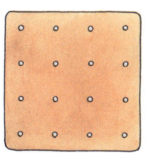 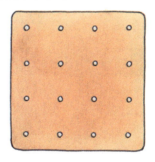 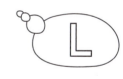

b) Welche der Buchstaben F, ⊔, E, M, H könnt ihr spannen? Kreuzt an.

F ☐   ⊔ ☐   E ☐   M ☐   H ☐

5 Spannt vier verschieden große Quadrate. Zeichnet sie ein.

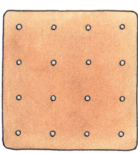 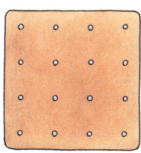 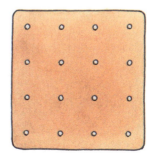 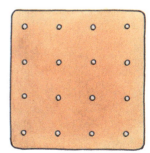

1–5 Geobretter mit 4 x 4 Nägeln und Gummibänder verwenden.

31

Entdecken und knobeln

1 Zeichne neu ein.

S 4 Felder nach links
T 2 nach unten, 2 nach rechts
I 3 nach links, 1 nach unten
Z 2 nach unten, 1 nach rechts
E 3 nach rechs, 1 nach unten
P 1 nach rechts, 4 nach oben

2 Vier Ansichten eines Gebäudes.
Welches Gebäude ist es? Kreuze an.

3 Wie viele Quadrate sind es?
a) ___ Quadrate
b) ___ Quadrate

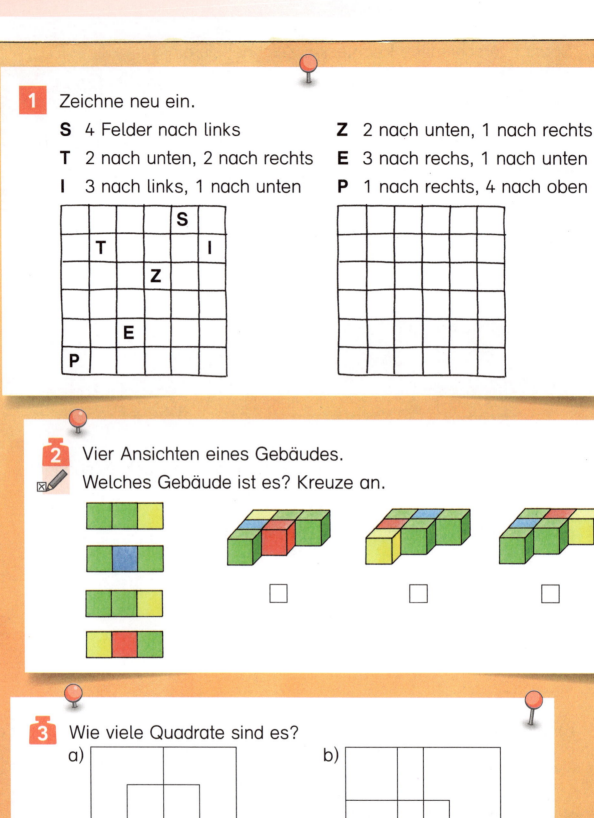

1 Die Aufgabe eignet sich im Anschluss an Seite 8.
2 Die Aufgabe eignet sich im Anschluss an Seite 18.
3 Die Aufgabe eignet sich im Anschluss an Seite 21.

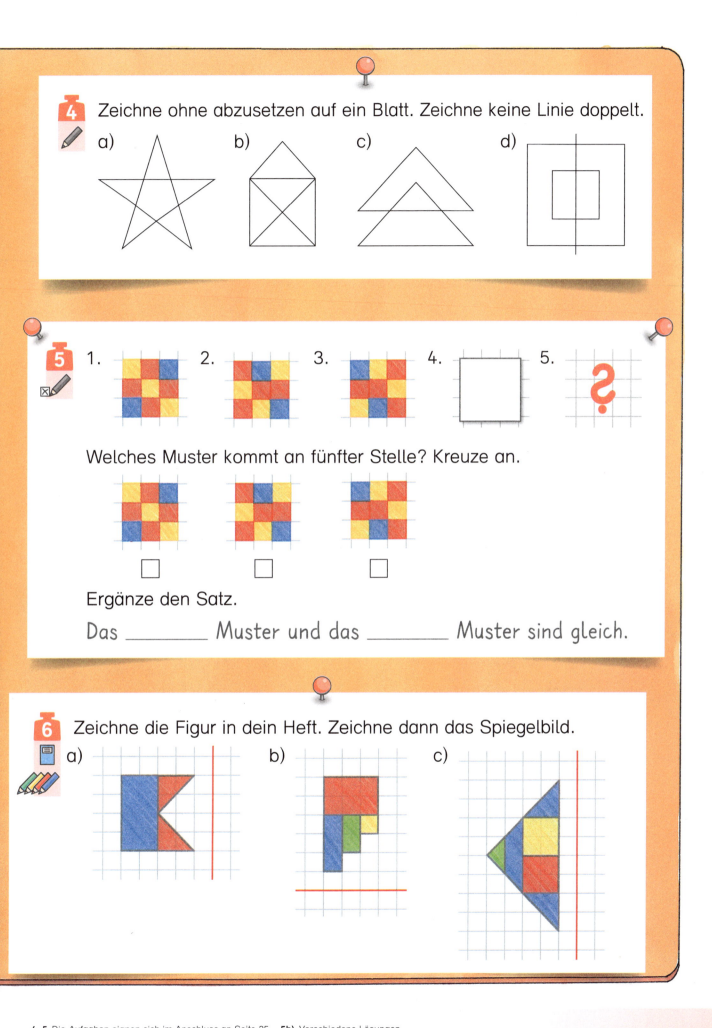

4 Zeichne ohne abzusetzen auf ein Blatt. Zeichne keine Linie doppelt.
a) b) c) d)

5 Welches Muster kommt an fünfter Stelle? Kreuze an.

Ergänze den Satz.

Das _____ Muster und das _____ Muster sind gleich.

6 Zeichne die Figur in dein Heft. Zeichne dann das Spiegelbild.
a) b) c)

4, 5 Die Aufgaben eignen sich im Anschluss an Seite 25. **5b)** Verschiedene Lösungen möglich bei Berücksichtigung unterschiedlicher Musterschritte.
6 Die Aufgabe eignet sich im Anschluss an Seite 30.

Fachwörter und Redemittel

Körper

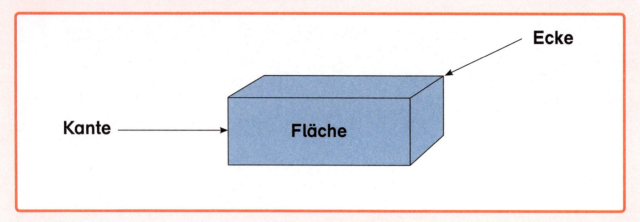

Flächen

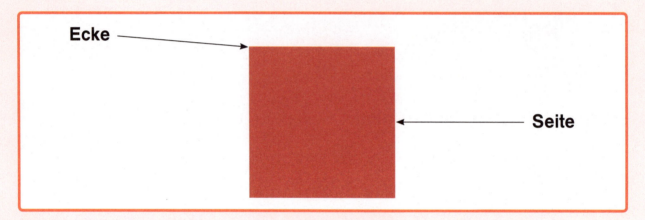

Symmetrie

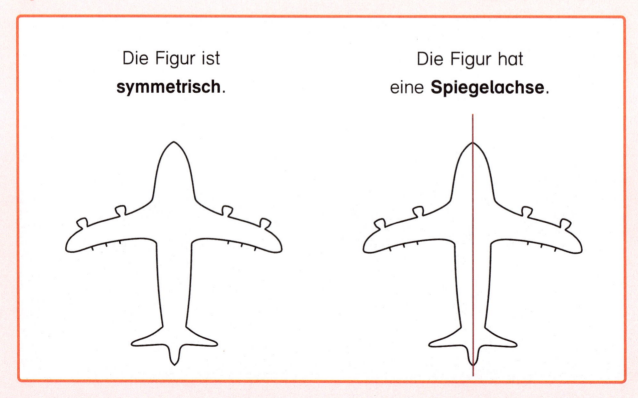

Ansichten

Ansichten

von vorn

von hinten

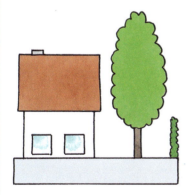

von links

von rechts

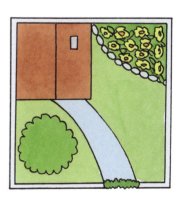

von oben

Flex und Flo für das 2. Schuljahr

MATERIALIEN FÜR SCHÜLERINNEN UND SCHÜLER

Addieren und Subtrahieren 2	978-3-14-118106-7
Multiplizieren und Dividieren 2	978-3-14-118107-4
Geometrie 2	978-3-14-118108-1
Sachrechnen und Größen 2	978-3-14-118109-8

Lernpaket 2
4 Themenhefte + Beilagen	978-3-14-118110-4
BiBox für Schüler/-innen	WEB-14-118122

ZUSATZMATERIALIEN

Trainingsheft 2	978-3-14-118162-3
Trainingsheft Interaktiv 2	WEB-14-118180

Themenhefte inklusiv B
Zahlen bis 20 (B)	978-3-14-118413-6
Rechnen bis 20 (B)	978-3-14-118414-3
Geometrie (B)	978-3-14-118415-0
Sachrechnen und Größen (B)	978-3-14-118416-7

Lernpaket inklusiv B
4 Themenhefte + Beilagen	978-3-14-118412-9

MATERIALIEN FÜR LEHRERINNEN UND LEHRER

Handreichung 2	978-3-14-118111-1
BiBox für Lehrer/-innen 2, *Einzellizenz*	WEB-14-118123
Kollegiumslizenz	WEB-14-118125
Kopiervorlagen 2	978-3-14-118152-4
Förder-Kopiervorlagen 2	978-3-14-118154-8
Forder-Kopiervorlagen 2	978-3-14-118156-2
Lernwege-Karten 2	978-3-14-118160-9
Diagnoseheft 2	978-3-14-118149-4
Entdeckerkartei 2	978-3-14-118161-6
Winkelsteine, *23 Holzteile*	978-3-425-13615-8
10 Sätze Einmaleins-Tafel	978-3-14-118185-2